Für:
Von:

Liebesgedichte für Dich
oder
was ich Dir schon immer mal sagen wollte...

Eine Textsammlung mit Bildern liebevoll für Sie zusammengestellt.

Ein Dank für die freundliche Überlassung des Materials gilt meiner Ehefrau, ohne die dieses Geschenkbüchlein nicht entstehen konnte.

Walter Müller

ISBN:
978-3-7323-7007-8 (Paperback)
978-3-7323-7008-5 (Hardcover)
978-3-7323-7009-2 (E-Book)

Alle Rechte an Text und Bildern liegen bei Cuanita Müller und dürfen ohne ihre Genehmigung nicht anderweitig verarbeitet oder veröffentlicht werden.

Die Liebe
besteht nicht nur
aus Schmetterlingen im Bauch
die Unruhe stiften.

Es gibt ruhige
und kritische Momente, die
die gemeinsame Liebe
auf die Probe stellen.

Probleme von Außen drängen
sich oft in Euren Alltag.
Achtet gemeinsam darauf,
dass sie Euer Leben nicht
bestimmen.

Die Ehe

wenn zwei Menschen
zueinander finden,
sich gegenseitig
zurück nehmen,
zu einer gemeinsamen Zukunft,
verbindlich Ja sagen,
das Leben
miteinander teilen,
Verantwortung
für
sich und seinen Partner
übernehmen
zum gemeinsamen Leben.

Liebe amtlich verbrieft, die Ehe!

Du bist das Licht in meinem Leben,
schön dass ich deinen Schalter gefunden habe.

Fluss des Lebens

Wenn mein Leben ein Fluss ist,
möchte ich hineinspringen,
mich treiben lassen und genießen.
Dabei ist es schön zu wissen,
dass Du da bist,
der bei starker Strömung
am Ufer steht,
der vorausschauend handelt,
mich rettend auffängt und
sicher aus den Fluten heraus zieht,
mich stützt, bis ich erneut
in der Lage bin,
meinen eigenen Weg zu gehen.

Gedanken

Wir schauen uns in die Augen,
verstehen uns ohne ein Wort.

Ein Lächeln bestärkt uns im Glauben.
Hier ist der richtige Ort.

Blicke

Sie spiegeln die Harmonie,
verraten Gefühle, die wir uns senden.

Ich steh vor Dir, mir zittern die Knie.
Dieses Glück soll niemals enden.

Ein Blick in
Deine Augen
die Berührung
unserer Hände
ein warmes Gefühl
und das Verlangen
nach Nähe zu Dir
lässt mein Leben
in Vollendung
glücklich erscheinen.
Er hilft die Zeit
zu überbrücken,
bis wir uns wieder sehen.

Trauer
erfüllt mein Herz.
Der Gedanke Dich zu verlieren,
belastet mich schwer.
Mein Leben fängt an zu schwanken.
Ich lieb Dich so sehr.

Freudig
nehmen wir uns in den Arm
und halten uns eben.
Verschwunden ist Trauer und Gram,
Leidenschaft bedeutet
wir leben.
Verliebt liege ich in Deinem Arm.

Liebe ist ...

Akzeptanz auch ohne zu verstehen.

Liebe

Hoffnung, bangen
Schmetterlinge im Bauch,
Sehnsucht, Vertrauen,
Verlustängste, Verständnis,
Sorgen, Toleranz,
Ärger, Achtung, Verzicht.
In jedem dieser Worte hat
sie sich versteckt.

Liebe findet
den richtigen Weg.

Vertraue!

Liebe ist ein wertvolles Gut.
Einmal gefunden,
will sie immer wieder aufs Neue
zu Hochglanz
aufpoliert werden,
will täglich neu erfahren,
aktualisiert und hübsch
zelebriert werden,
Damit sie nicht plötzlich
in der
hintersten Ecke
völlig verstaubt,
ihre Existenzberechtigung
verliert.

Liebe ist....

einander zuzuhören
und niemand vergisst
Hass und Leid zu zerstören.

Liebe ist....

wenn sich die Gedanken um Dich drehen,
Dich zu lieben wie Du bist
ohne Dir auf die Nerven zu gehen.

Liebe ist....

Deinen Satz zu Ende zu denken
und wenn Du traurig bist
Dir Trost und Liebe zu schenken.

Liebe ist....

Gefühle zu zeigen
damit Du vergisst
aus Scham zu schweigen.

Liebe ist...

Deine Schwächen zu tolerieren
und ohne List,
eigene Grenzen an Dir auszuprobieren.

Liebe passiert,
will hofiert und gepflegt
werden, und manchmal braucht sie auch
gemeinsame Anstrengungen
um sie für sich und den eigenen Partner
schwungvoll zu beleben.

Liebe und Glück miteinander teilen
heißt Verantwortung
füreinander übernehmen.

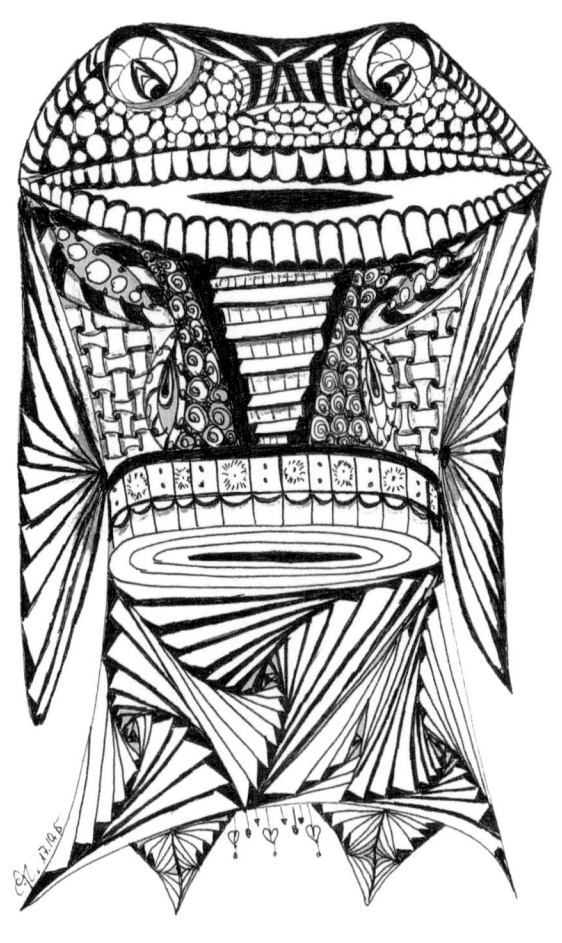

Liebe und Güte
erzeugen
Respekt ohne Angst.

Liebe

einander verstehen,
wenn wir uns in die Augen schauen,
denken, was der Andere ausspricht,
aufgefangen werden,
wenn man mal traurig ist,
gemeinsam Dinge tun,
die alleine keine Spaß machen,
Vertrautheit ohne Worte,
Streicheleinheiten ohne Berührung,
all das ist

Liebe.

Liebe,

der Schmerz im Herzen
wenn es dir nicht gut geht,
das Lachen im Gesicht wenn ich
mich für dich freue,
das Gefühl der Ohnmacht
nicht an deiner Seite stehen zu können,
wenn du mich brauchst -

all das ist Liebe.

Loslassen
und
Vertrauen
zeigt die
wahre Größe
eines liebenden
Menschen.

Nicht nur die Welt und das Leben
unterliegt dem Wandel der Zeit.

Auch die Liebe verändert sich
und gewinnt an Bedeutung,
wenn man achtsam mit ihr umgeht.

Sehr oft denke ich an Dich.
Sehnsucht ist gepflanzt
in meinem Herzen
nach
Zeit mit Dir.

Suche mit Deinem Blick
im täglichen Sein
Augenblicke der Freude und Liebe.
Genieße sie sofort
mit allen Sinnen, lächle
und
halte diese Glücksmomente
in Deinem Herzen fest.

Wahre Liebe
zeigt sich im Vertrauen
geben ohne Erwartungen
nehmen ohne ausnutzen
Entscheidungen des Anderen
gemeinsam tragen
gelebte Toleranz auf engstem Raum.
Zwei Sicherheitsnetze, die
die Freiheit des Einzelnen
vor Verletzungen und Schaden
bewahren
jedoch keinesfalls einengen.

Wahre Liebe
ist ein Schutzraum
in dem Du leben darfst
wie Du bist
und Deine Schwächen
offen zeigen kannst
ohne Verletzungen davonzutragen.

Wahre Liebe
verzeiht
und übt
Toleranz.

Wahre Liebe findet den richtigen Weg.

Respekt bedeutet
Anerkennung
in Harmonie und Liebe
und hat mit Angst
nichts zu tun.

Zeit ist wertvoll und mit Gold
nicht aufzuwiegen.
Jede Stunde die Du gemeinsam
mit Deiner Liebe verbringst
schenkt Dir unendlich schöne
Erinnerungen.
Verbringst Du sie nur zum Geld verdienen
bleibt möglicherweise
materieller Wohlstand.
Die Herzensliebe verblasst durch
nicht gefüllte Leere.

Fang sie Dir ein,
die täglichen Glückmomente
sie streicheln Deine Seele
und fordern Dich auf,
aufkeimende Schwierigkeiten
mit einem Lächeln
zu umfahren.

Ein Lächeln öffnet so manches Herz.

Loslassen und vertrauen
zeigt die
wahre Größe
eines liebenden
Menschen.

Alltägliche Ereignisse
fordern uns viel ab und lassen schon mal
die Aufmerksamkeit füreinander
erblassen.
Suche den täglichen Umgang miteinander
in
Aufmerksamkeit mit Deinem Partner.
So kannst Du Dir die Zeit für
Zweisamkeit erarbeiten,
auch wenn sie sich nicht von alleine ergibt.

Der Alltag pulsiert
im vorgegebenen Takt.
Eure Freizeit,
Freunde
und gemeinsame Stunden zu Zweit -
hier solltet Ihr den Taktstab selber
schwingen und -
notfalls auch mal ganz leise anschlagen,
zum Wohle Eurer Liebe.

Ich liebe Dich,
so wie Du bist.
Lieber Gott
gib mir die Kraft und den Mut
Dich auch zu lieben
wenn Schmerz und Krankheit Dich
so verändern,
das ich Dich nicht mehr erkenne.

Mit Dir an meiner Seite
springt meine Seele
vor Glückseeligkeit.
Deine Liebe lässt mein Herz
jeden neuen Tag
mit Freude im Sonnenglanz erwachen
und stellt so manchen
Kummer in den Schatten.

Mein Leben mit Dir
zu verbringen -
bedeutet den Alltag
mit all seinen

Unannehmlichkeiten
Schattenseiten
Schwächen

durchleben zu wollen
weil ich Dich liebe!

Wenn Kummer Sorgen
oder Schmerz
mein Gemüt trüben -
ein Blick
in Deine liebevollen Augen
gibt mir die Kraft
alles zu bewältigen.

Es tut gut
Deine Nähe zu spüren,
Deinen vertrauten Blick zu sehen
und Deinen liebenden Worten
zu lauschen.
Dass Du für mich da bist,
erfüllt mein Herz mit Freude
und Demut.

Ich liebe Dich
so sehr, dass Worte
dafür nicht ausreichen,
das auszudrücken, was Du
für mich bedeutest.
Jede Faser meines Herzens
ist verschlungen
in den Windungen der Liebe
zu Dir.

Liebe kann nur funktionieren
wenn
Freiraum und Toleranz
für Beide
die gleiche Bedeutung haben.

Liebe
braucht keine Geschenke,
keine Versprechen oder Reichtümer.

Wichtig ist Vertrauen,
Respekt und
gegenseitige Rücksichtnahme,
dann breitet sie sich
in Dir aus,
gibt Dir Kraft und Hoffnung
in jeder Lebenslage.

Liebe
lässt Kummer und Einsamkeit
aus
Deinem Herzen weichen,
sie zeigt Dir
die schönen Seiten der Welt,
die ohne Liebe sich im
Schatten unsichtbar machen.

Liebe

Angst vor Verlust
klammern an Bekanntem,
bereit
neue Wege zu gehen
aus Liebe,
auch wenn diese ungewohnt sind.

Das ist Liebe.

Eine gut gelebte
Liebe
baut auf
Vertrauen
und
hat keinen Platz
für
Eifersucht oder Neid.

Liebe
ist
eine Abhängigkeit
auf
freiwilliger Basis,
missbrauche
sie nicht.

Die Ehe
ist wie ein
Hafen,
ein Tor zur Welt,
für alle Freuden des Lebens geöffnet.
Es liegt in den Händen
des Ehepaares,
sich ihren Schutz zu errichten
und zu erhalten, diesen
Hafen
vor versanden und feindlichen
Übergriffen
abzuwehren.

Jemanden zu lieben,
bedeutet
ihn zu lassen, wie er ist,
damit er
sein Leben frei entfalten kann, und
er sicher sein kann,
wohin er gehört.

In einer guten Partnerschaft führt
eine Problemlösung
durch gemeinsames aufeinander zugehen
zum Ziel
und nicht durch den einzelnen Kopf
der in der Wand
stecken bleibt.

Das tägliche Miteinander prägt nicht nur Gefühle in uns, sondern ist auch verantwortlich für Gesundheit und Freude in unserem Leben. Ohne Fürsorge, Liebe und Pflege würde so manches Herz verkümmern.

Impressum

ISBN:

978-3-7323-7007-8 (Paperback)
978-3-7323-7008-5 (Hardcover)
978-3-7323-7009-2 (E-Book)

Liebeslyrik zum Verschenken oder selber genießen.

Ein Büchlein mit Texten unterlegt mit liebevollen Zeichnungen rund um das Thema Liebe, zusammengestellt von Walter Müller.

Wann immer die Gedanken im Kopf meiner Ehefrau nicht schweigen wollen, notiert sie diese bei Tag und auch in der Nacht oder sie lenkt sich mit meditativem malen ab. Alle möglichen Themen werden dabei in Versen, kurzen Texten oder im Bild festgehalten.

Hier habe ich Texte und Bilder mit dem Thema Liebe für Sie zusammengestellt, damit die Liebesbotschaften auch Ihr Herz erfreuen können.

Ich wünsche den Lesern viel Freude an Texten und Bildern.
Walter Müller

Alle Rechte für Text und Bildmaterial liegen bei Cuanita Müller und dürfen nur mit Genehmigung kopiert oder anderweitig veröffentlicht werden.